Krisenfest –
Impulse, Schwierigkeiten zu bestehen

Leben will immer gelebt werden.

Rezepte für Speisen oder Erfolg gibt es wie Sand am Meer. Doch kaum ein Buch schreibt ehrlich über Angebranntes oder Niederlagen. Im Sport gilt Silber als verpasster Sieg. Es ist einfacher, Fehler zu vertuschen, als daraus zu lernen. Leben ist keine Rolltreppe zum Erfolg. Leben verläuft – zuverlässig – anders als geplant.

Optimisten, die stets positiv denken, sich geschickt verkaufen, kommen scheinbar besser voran. Privat wie beruflich gibt es nie nur Gipfel zu erstürmen, sondern auch Täler zu durchwandern. Wie können Krisen gemeistert und Widerstände im Alltag überwunden werden? Dieses Impulsheft will das Mysterium des glücklichen Scheiterns ergründen. Fragen und Lebensskizzen sollen inspirieren und ermutigen, das Lebenswerte im »Dennoch« des Daseins zu entdecken. Wie wird die Krise ein Fest?

Über Ziele und Umwege

Wer sein Ziel nicht träumen kann, wird es nicht erreichen.
—Markus Hofmann

Ziele sind wie Magnete. Sie ziehen uns an. *Apollo 11* war 1969 auf dem Weg von Cap Kennedy zum Mond. 80% der Zeit war die Raumkapsel nicht auf dem richtigen Kurs. Dennoch erreichte die Mannschaft am 21. Juli genau ihr Ziel. Wer ein Ziel nur einmal ins Auge fasst, wird es nicht unbedingt erreichen. Doch wer sich jeden Tag neu daran orientiert, bleibt auf Kurs. »Ein kleiner Schritt für einen Menschen, aber ein großer Schritt für die Menschheit«, sagte Neil Armstrong, der erste Mensch auf dem Mond, nach der Landung. Lebenswege sind oft Umwege. Auch wenn es dir wie ein Umweg erscheint, bringt jeder Schritt das Ziel näher. Den kleinsten Schritt im Alltag aufs Ganze zu beziehen, ist wahrhaft revolutionär, wusste schon Lenin.
Welche Erfahrungen hast du auf Umwegen gemacht?

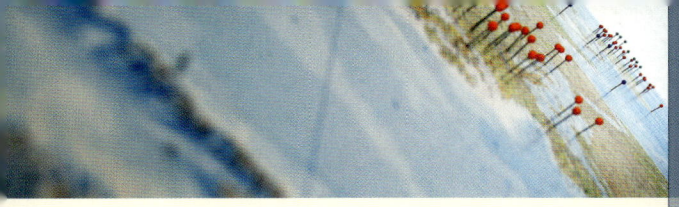

Wer nur träumt, wird sein Ziel auch nicht erreichen. Ziele geben Orientierung und schaffen Motivation. Sie zu notieren, inspiriert. Du kannst konkret überlegen, was dein Ziel ist, z. B.: ein Smartphone kaufen, ausdrucksstark malen können, eine Indienreise, starke Freundschaften, Tango tanzen, ein krisenfester Beruf, mehr Mut, Partner, Kinder oder Enkel, Haus mit Garten. Hast du deine Ziele einmal formuliert?

Fragen, um Ziele zu finden:
- Ist dein Ziel nur anspruchsvoll oder eine Utopie?
- Welche Ziele kannst du alleine erreichen? Wo brauchst du Hilfe oder musst Voraussetzungen erfüllen?
- Welche Ziele sind dir wichtig, welche weniger?
- Was bist du bereit, für dieses Ziel einzusetzen?

Klar kann man ziellos durchs Leben treiben. Wer plant, ersetzt den Zufall durch den Irrtum. Auch wenn nicht jedes Ziel erreicht werden kann, klären Ziele deine Prioritäten.

Ziele ziehen an

Wenn du nicht weißt, wo du hin willst,
ist es egal, welchen Weg du wählst. —Lewis Carroll

Claus hat sein Studium fertig und ist auf Jobsuche. Eine Firma schickt ihm die Unterlagen zurück. Damit will er sich nicht abfinden. Er hat dieses Unternehmen bewusst ausgesucht und will sich dort vorstellen. Höflich antwortet er mit Hinweis auf die Chancen, die dem Unternehmen entgehen würden. Am Tag darauf hat er ein Gespräch mit dem Gründer und bekommt einen Vertrag.

Wie reagierst du auf Rückschläge? Welches Ziel willst du um jeden Preis – auch gegen Widerstände – erreichen? Nicht immer ist ein Festhalten an Zielen angebracht. Es gibt drei grundsätzliche Strategien, auf Rückschläge und Scheitern zu reagieren. Zu jeder Strategie kannst du dir überlegen, welchen Preis sie dich oder andere kostet. Und ob es Alternativen gibt, die mit weniger Aufwand zu erreichen sind.

Für wichtige Ziele soll man kämpfen. Doch Ziele sind nicht heilig. Passe sie der Situation und den Möglichkeiten an.

Ziele durchsetzen

- Beharren/Konfrontation: Wie kann der zweite Versuch besser gelingen?
- Verhandlung/Kompromiss: Was nützt den anderen?

Ziele verändern

- Anpassung/Adaption: Was kannst du nicht aufgeben?
- Ausweichen/Alternativen: Gibt es andere Lösungen?

Ziele loslassen

- Rückzug/Verzicht: Welche Vorteile bringt es dir?
- Abschied/Trost: Was wirst du vermissen, was bleibt?
- Kompensation/Ersatz: Was ist ähnlich attraktiv?

Niederlagen mehr feiern

2

Versuche es nochmal. Scheitere nochmal. Scheitere besser.
—Samuel Beckett

Thomas Alva Edison erfand vieles – die Glühbirne, den Phonograph (Plattenspieler) und den Tonfilmprojektor. Seine Antwort auf die Frage, wie er die vielen Fehlschläge bei der Entwicklung der Glühlampe verkraftet habe: »Gescheitert bin ich nicht. Ich habe tausend Wege gefunden, wie man eine Glühbirne nicht bauen kann. Das war eine Erfindung in tausend Schritten.«

Wer Enttäuschungen nach Rückschlägen überwindet, gewinnt Erfahrung. Scheitern kann Jahre anhalten und kostet Lehrgeld. Mutige und Kreative scheitern öfter. Aber sie lieben es dennoch, weil sie dabei immer Neues entdecken. Durch Zuversicht wird Scheitern zum kreativen Durchbruch. Der Autor Samuel Beckett wirbt für erfolgreiches Scheitern. Das will geübt sein.

»Früher oder später geht jeder auf Grund, die Frage ist nur wie heftig.«, sagte mein Segellehrer Björn, um uns die Angst vor dem Unvermeidlichen zu nehmen. Leben ist wie ein Boot zu führen. Zuerst lernst du dein Boot kennen – Bug und Heck, Ruder und Riemen, Mast und Schot. Als Steuermann bestimmst du den Kurs zum Ziel. Aber jeder Törn wird anders. Jedes Boot bekommt Schrammen. Wind und Wetter, Strömung und Seegang, Gezeiten und Grund beeinflussen deinen Kurs. Kommt der Wind von vorne, musst du kreuzen, um ans Ziel zu gelangen. Es ist wichtig, gut einzuschätzen, welchen Stürmen dein Boot und Können gewachsen sind. Unbekannte Gewässer brauchen einen Lotsen. Du entscheidest, wann es besser ist, einem Unwetter auszuweichen oder ihm zu trotzen. Wenn du auf Grund läufst, gilt es ohne Schaden wieder frei zu kommen. Das Bestehen prekärer Situationen lehrt und ermutigt Menschen im Leben mehr als Schönwettersegeln.

Typologie von Niederlagen 3

Das Leben findet immer einen Weg. —Michael Crichton

Wer erkennt, dass Erfolge und Niederlagen gleichberechtigt zum Leben gehören, lernt aus beiden Situationen. Krisen markieren Wendepunkte. Es gibt verschiedene Typen von Krisen: Misserfolge, persönliches Scheitern und Verlust. Je nach Art der Krise ist es sinnvoll, andere Konsequenzen daraus zu ziehen.

■ 1. Misserfolg und Rückschläge

Die Situation kennt jeder: Etwas geht schief und tut weh. Ein Fehler ist passiert, eine Prüfung verhauen. Ein Versuch ist fehlgeschlagen, ein Projekt gescheitert, ein Ziel verfehlt. Termin mit der Geliebten oder dem Chef verpasst. Peinlich.
- ⇨ Es bleibt der Erkenntnisgewinn, wie es nicht geht
- ⇨ Nach jedem Flop gibt es den nächsten Versuch
- ⇨ Aktiv gegensteuern, z. B. lernen oder entschuldigen

Wer seine Stärken und Schwächen realistisch sieht, kann nach vorne blicken und den nächsten Versuch vorbereiten. Für Prüfungen heißt es, mehr und effizienter zu lernen. Für gescheiterte Projekte, die entsprechenden Konsequenzen zu ziehen. Häufig zwingt erst eine Niederlage zu einer völlig neuen Perspektive und eröffnet dadurch kreative Lösungen.

2. Persönliches Scheitern

Hier wir es komplexer. Man hat Stress, spürt: »Ich packe es nicht!«, kommt persönlich an Grenzen. Erwartungsdruck und Widerstand nehmen zu. Man empfindet Angst, zu versagen. Zweifelt an sich, seinen Fähigkeiten und Zielen.

- ⇨ Die Niederlage ist erst einmal zu verarbeiten. Dazu gehört, die Ursachen sorgfältig zu analysieren.
- ⇨ Viele Grenzen existieren nur im Kopf. Probiere es noch mal. Sind Grenzen echt, akzeptiere sie.
- ⇨ Kannst du deine Ziele neu definieren?

Leben ohne Fehler ist langweilig

Wenn wir scheitern, ist Unterstützung von guten Freunden oder Familie wertvoll. Ermutigung ist wichtiger als Kritik. Nach dem Trost kann man fragen: »Was habe ich selbst, wie haben andere und die besonderen Umstände dazu beigetragen?« Verändere, was dich (zer-)stört, oder ändere dich selbst: »Love it, change it or leave it.« Belohne dich auch für gescheiterte Versuche. Du hast es immerhin gewagt. Hält die Krise an, macht es Sinn, Hilfe zu suchen.

■ 3. Zerbruch und Verlust

Eine Beziehung oder Ehe zerbricht. Du bist arbeitslos oder pleite. Du hast einen Unfall oder eine schwere Krankheit. Ein geliebter Mensch stirbt. Solche Krisen treffen uns existentiell. Schock und Verzweiflung sind erste Reaktionen. Apathie und Lähmung können folgen. Wenige reden offen über solche Krisen, aber fast jede Biographie kennt Brüche.

Es hilft, zu wissen:
- Leben bringt oft herbe Verluste. Hier ist Seelenarbeit zu leisten. Trauer und Trost sind angesagt. Abschied nehmen von Hoffnungen, Träumen oder Menschen.
- Du brauchst dazu Vergebung und neue Hoffnung.
- Innere »Warum?«-Diskussionen verhindern oft Loslassen.

Es kann eine Weile dauern, bevor du die Energie für einen neuen Aufbruch findest. Das ist ok. Selbstmitleid oder Depression bergen jedoch Risiken. Gebet, Gespräche oder professionelle Unterstützung bieten wirksame Hilfe.
Wir alle scheitern, aber können an dem Durchlebten reifen. Die Frage »Wozu könnte das nützlich sein?« hilft, sich den Erfahrungen zu stellen und wieder aufzustehen. Es gibt kein unbeflecktes Leben. Ein fehlerloses Leben wäre todlangweilig. Ein Leben lang hast du die Chance, ein neues Kapitel zu beginnen und neue Möglichkeiten zu entdecken.

Du bist ein Original – Selbstwert

4

Habe dein Schicksal lieb. —Maria Kaißling

»Was bin ich?« lässt sich gut erraten. Die Frage »Wer bin ich?« zu beantworten, bewegt Menschen seit Jahrhunderten.
Dass jeder Mensch einzigartig ist und alle Menschen vor Gott und Grundgesetz gleich sind, erscheint uns heute selbstverständlich. Werbung suggeriert uns, was erfolgreiche Menschen ausmacht. Was sie tragen, fahren, essen und genießen, vor allem aber kaufen, um sich glücklich und sicher zu fühlen. Schönheit und Statussymbole sind postmoderne Glücksidole. Tun und Haben verdrängen das Sein. Individualität wird in einer Gesellschaft, die alles auf Arbeit und Konsum reduziert, scheinbar wertlos. Fehler und Makel passen da nicht ins Bild. Zum Glück ist Irren menschlich. Finde heraus, wer du selbst bist. Was dich geprägt hat und ausmacht. Jede Biographie hat ihre Ecken und Kanten. Liebe dich, so wie du bist, und akzeptiere deine Geschichte.

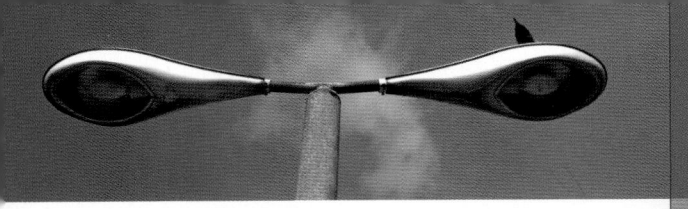

Krisen und Scheitern sind im Leben völlig normal. Es wird leichter, wenn du als Maßstab nicht das Maximum nimmst. Bleibe dir treu, wenn einmal nicht alles rund läuft. Menschen funktionieren nicht wie Maschinen, weil wir keine Maschinen sind. Hat dir schon einmal jemand gesagt, was gerade dich einzigartig macht? Wie solltest du es sonst wissen? Identität wird nicht angeboren, ist nicht käuflich. Identität entsteht in Dialog und Begegnung. Das »Ich« wird gerufen. Dein »Ich« begegnet dir im »Du« des Gegenübers. Identität wird zugesprochen, das »Ich« wächst am »Du«. Das »Ich« weiß, zu wem es gehört, und wird sich bewusst, wie es sich von anderen unterscheidet. Identität ist die Wurzel für deinen Selbstwert. Die Verankerung der Identität im Dialog mit anderen trägt besonders in Zeiten, in denen man an Situationen verzweifelt. Oder an sich selbst zweifelt. Selbstwert ist das Fundament für Selbstvertrauen, Selbstannahme bildet die Basis für Selbstbewusstsein.

Krise als konstruktiver Zustand

■ Eine Liebeserklärung an dein Selbst

Selbstwert ist unabhängig von Leistung. Du bist du selbst – das ist genug. Selbstliebe und Selbstachtung schützen uns. Eine solide Selbstwert-Basis ist wie ein gefülltes Konto. Damit verkraftet man Rückschläge oder eine persönliche Krise. Forscher nennen diese Fähigkeit Resilienz.

Es gibt Situationen, in denen andauerndes Scheitern das Selbstwertkonto völlig erschöpft hat. Auch »Erfolg« zahlt nicht mehr ein. Das Wertkonto muss aufgefüllt werden. Dabei sind wir auf Unterstützung angewiesen. Liebe und Hoffnung sind Währungen, die deinem Konto unmittelbar gutgeschrieben werden. Die Bibel beschreibt, dass Gott die Menschen als sein Gegenüber geschaffen hat. Gott liebt alle Menschen wie eigene Kinder, unabhängig von ihrer Leistung. Diese Zusage hat mir in schwierigen Lebenskrisen wieder Hoffnung gegeben. Nur eine solche bedingungslose Liebe kann Menschen eine »krisenfeste« Identität geben.

Vergebung

Scheitern kann Verletzungen, Trennung und Leid verursachen. Manchmal sind Umstände oder andere verantwortlich. Wenn man selbst verantwortlich ist, fühlt man sich oft schuldig. Schuld lähmt und hält uns fest. »Keine Zukunft ohne Vergebung«, sagte der südafrikanische Bischof Desmond Tutu. Es ist schwer, Menschen zu vergeben, die uns verletzt und geschadet haben. Noch schwerer ist es oft, eigene Verantwortung oder das eigene Versagen anzuerkennen. Es erfordert Mut, Schuld zuzugeben und selbst um Verzeihung zu bitten.

Jedes Fehlverhalten ist auch Schuld gegen das Leben und den Schöpfer. Es hilft, wenn man auch ihn nach Scheitern um Vergebung bittet. Und vertrauen kann, dass er gern vergibt. Vergebung ist die einzige Kraft, die Vergangenes verändern kann. Vergebung zu empfangen und zu schenken, setzt schöpferische Zukunftsenergie frei.

Widerstände bewältigen

5

Krise kann ein produktiver Zustand sein. Man muss ihr nur den Beigeschmack der Katastrophe nehmen. —Max Frisch

Dave, ein Freund und Kameramann, wuchs in Nord-Indien auf. Als disziplinierter Mensch begann er jeden Tag damit, 15 Minuten auf dem Kopf zu stehen. Dabei ordnete er seine Gedanken und betete. »Stille Zeit« andersrum.
Es gelang ihm, in Krisengebieten Szenen zu drehen, die vor ihm kein westlicher Journalist filmen durfte. Gefragt, wie er es schaffte, von den Einheimischen die Genehmigung zu bekommen, verriet er ein Geheimnis: »›Nein‹ niemals als letzte Antwort akzeptieren«. Oder – wie er mit einer Prise britischen Humors – hinzufügte: »Zumindest so lange nicht, bis du es nicht zehn Mal gehört hast.« Es geht darum, nicht aufzugeben, bevor du ein »Nein« zehnmal gehört hast. Unmögliches dennoch zu wagen, ist eine schöpferische Perspektive für jeden Tag.

Nicht jeder hat die Zähigkeit und Ausdauer von Dave, Widerständen so viel Entschlossenheit entgegen zu setzen. Jeder Sportler und Physiker weiß: Bewegung erfordert Energie. Das gilt nicht nur in der Thermodynamik und im Sport, sondern auch für jede Veränderung. Jeden Tag müssen sich Pläne und Ideen in der Praxis bewähren, um die gewünschte Veränderung zu erreichen. Bewegung verursacht Reibung und erzeugt Widerstand. Wer etwas bewegen will, spürt das.

Offener Widerstand

Du weißt, wer deine Ideen ablehnt und wo das Problem liegt. Hier kannst du fragen:

- Kannst du Konfrontationen vermeiden und dennoch dein Ziel erreichen?
- Findest du andere, die dich unterstützen?
- Wie kannst du klug für deine Überzeugung kämpfen und dabei auch Schwächere im Blick behalten?

■ Verdeckter Widerstand

In solchen Situationen geht scheinbar alles glatt, die anderen stimmen dir zu, aber irgendwo klemmt es doch.
Hier hilft es, die Interessen der anderen besser zu verstehen und einen Ausgleich für ihre Nachteile zu schaffen.
Hilfreiche Fragen:
- Wie kannst du entdecken, was verdeckt liegt?
- Welcher Kompromiss könnte eine Blockade auflösen? Können gemeinsame Interessen oder Erlebnisse eine Brücke bauen?

■ Mut und Kreativität

Widerstand bewirkt, dass deine Dynamik gehemmt wird. Diese Spannung auszuhalten, kostet Kraft. Hochspannung als Dauerzustand ist ungesund, geradezu lebensgefährlich. Es ist wichtig, zu wissen, wo und wie du entspannen kannst, um Energie zu tanken.

Innerer Widerstand

Die einfachste und zugleich die schwierigste Art des Widerstands. Du hast es in der Hand und kannst allein nach Lösungen suchen. Finde heraus, was dich blockiert.
Hilfreiche Fragen:
- Wovor fürchtest du dich?
- Was ist das Allerschlimmste, was passieren könnte?
- Was fehlt dir, um es zu wagen?

Freunde können dir helfen, blinde Flecken zu entdecken und innere Bremsklötze aufzuspüren.

Widerstand und Irritation wecken Emotionen. Gefühle sind wichtig, weil sie auf das hinweisen, was wir brauchen. Wenn wir Angst haben, wünschen wir uns mehr Sicherheit. Sind wir neugierig, brauchen wir Freiraum. Innovation benötigt Experimentierfreude. Emotion als Kraft blockiert entweder oder sie macht Veränderungen erst möglich.

Einsatz für die Freiheit anderer

6

Wilberforce hat für die Freiheit und Menschenrechte mehr erreicht als Karl Marx. —Markus Hofmann

Wer Gesellschaft und Politik mitgestalten will, muss Rückschläge überwinden. Die Biographien profilierter Politiker belegen, dass die meisten auf ihrem Weg in Verantwortung einige Niederlagen verkraften mussten.

Dass es sinnvoll ist, seinen Zielen treu zu bleiben, zeigt das Leben von William Wilberforce. Während seines Studiums in Cambridge werden er und William Pitt Freunde. Beide werden 1780 mit 21 Jahren ins englische Parlament gewählt. Nur drei Jahre später wird Pitt Premierminister. Nach der Entscheidung, seinen christlichen Glauben ernsthaft zu leben, engagiert Wilberforce sich für soziale Reformen und gegen Geschäfte mit Sklaverei. 1789 hält er seine erste Parlamentsrede gegen den Sklavenhandel. Damit startet er die erste moderne Menschenrechtsbewegung.

Zwei Jahre darauf beantragt Wilberforce, Sklavenhandel im Königreich zu verbieten. Der Antrag wird abgelehnt. Die Initiative ist jedoch nicht mehr aufzuhalten. Sie wird zu einer öffentlichen Protestbewegung. Hunderttausende Unterschriften werden gesammelt, um die Anträge von Wilberforce im Unterhaus zu unterstützen.

Protestbuttons aus Wedgwood-Porzellan werden gratis verteilt. Außerdem boykottieren Reform-Befürworter Produkte wie »Sklaven-Zucker«. 18 Jahre lang bringt Wilberforce seinen Antrag erfolglos im Unterhaus ein. Erst im Jahr 1807 wird Sklaventransport auf englischen Schiffen verboten. Auf dem Wiener Kongress 1815 folgt schließlich ganz Europa dem Antrag Englands, Sklavenhandel weltweit zu ächten. Der Anti-Sklaverei-Kampf dauert weitere 26 Jahre. Einen Monat nach Williams Tod 1833 wird Sklaverei im gesamten englischen Empire verboten. Im Jahr darauf werden 800.000 Sklaven freie britische Bürger.

Kreative Unterstützung

Wilberforce' Leben enthält viele Hinweise, wie man mit Krisen und Niederlagen konstruktiv umgehen kann.
- William wählte seinen Beruf zielstrebig.
- Er hatte ein Hauptziel – nicht Hunderte. Auf dieses eine Ziel fokussierte er seine Kräfte.
- Er hatte Freunde, die ihn auch bei Rückschlägen unterstützten.
- Er blieb dran und fand kreative Lösungen.

■ Einsatz für andere leben

In jedem Menschen steckt der Wunsch, etwas in dieser Welt beizutragen. Für ein Ziel, das nicht nur einem selbst dient, kann man sich und andere trotz Widerständen immer wieder begeistern und motivieren. Du kannst dich fragen:
- Welcher Missstand in der Welt regt dich richtig auf?
- Was willst du im Leben unbedingt verändert sehen?
- Wofür wärst du bereit, dich so einzusetzen?

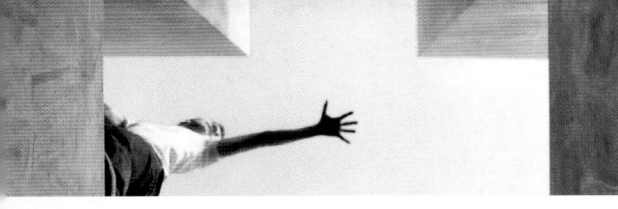

Der Weg der 1000 Schritte

Wilberforce brauchte Tausende von Gesprächen und 18 Anträge bis zu seinem Ziel. Viele Menschen überschätzen, was sie in kurzer Zeit erreichen können. Sie sind dann oft frustriert. Die meisten Menschen unterschätzen jedoch, was sie erreichen können, wenn sie lange Zeit dranbleiben.
- Was könnten die ersten, kleinen Schritte sein, um dein Ziel zu erreichen?
- Und dann die nächsten?
- Wer und was hilft dir, durchzuhalten?

Kreativität entwickeln und Unterstützer suchen

Wilberforce erfand neue und kreative Wege, Menschen auf sein Anliegen aufmerksam zu machen.
- Welche ungewöhnlichen Mittel kann man einsetzen?
- Wer würde das Ziel gern unterstützen?
- Wen kannst du um Unterstützung bitten?

Hoffnung und Perspektive

Das Leben kann nur vorwärts gelebt und in der Rückschau verstanden werden. —Søren Kirkegaard

■ Mauern überwinden

Wolfgang wuchs in einer musikalischen Familie auf. Sie waren Teil der katholischen Minderheit und der inneren Opposition der DDR. Aus Überzeugung entschied er sich gegen Pioniere und FDJ und verweigerte den Dienst an der Waffe. Später studierte er Elektrotechnik.

Nach der friedlichen Revolution ging er in die Politik. Als Minister berichtete er 20 Jahre später, wie der Untergang der DDR geistlich interpretiert werden könnte: »Im Herbst '89 sind wir trotz Stasi und Soldaten bei den Montagsdemos friedlich mit Kerzen und Gebeten durch die Stadt Leipzig gezogen. Sieben Mal, so wie das Volk Israel um die Mauern Jerichos. Die Mauer stürzte ein. Vier Jahrzehnte DDR in der Kirchengeschichte sind eine überschaubare Zeitspanne.«

Dem eigenen Herzen folgen

Mit 20 gab Steve sein ungeliebtes Studium auf, weil er seinen Adoptiveltern die teuren Studiengebühren nicht weiter zumuten wollte. Er schlug sich durch, lernte Verschiedenes und gründete eine erfolgreiche Computerfirma. Mit 30 wurde er vom Vorstand gefeuert. Nachdem er alles verloren hatte, suchte er nach dem, was sein Herz wirklich liebte. Rückblickend, erzählt er, empfand er seine Entlassung als Befreiung von Leistungsdruck. Er gründete eine Familie und begann eine sehr schöpferische Periode. Dann erkrankte er an Bauchspeicheldrüsenkrebs.

»Lass den Lärm des Alltags nicht deine innere Stimme übertönen. Folge der Intuition deines Herzens, das zu tun, was du wirklich liebst. Verschwende keine Zeit. Dein Herz weiß es schon.«, rät der Apple-Gründer Steve Jobs Stanford-Studenten zum Examen.

Trost mitten in Krisen

Erwarte die nächste Krise wie ein Fest, dann kann jede Schwierigkeit zu einer Chance werden. Krisen sind ernste Angelegenheiten, aber es entspannt, zu wissen, dass Krisen zum Leben gehören. Wer seine Ziele kennt, kann seine Energie darauf fokussieren und sich durch Umwege nicht abbringen lassen. Mitten in einer Krise ist es nicht leicht, die Chancen zu entdecken.

Bei Navigation auf See braucht man Fixpunkte außerhalb, um die Position zu bestimmen. Ziele, Freunde und der Glaube an Gott sind solide Fixpunkte. Mache die Krise zu deinem Freund. Sie hilft dir, Neues zu entdecken. Rede offen mit anderen über das, was du in der Krise erlebst. Versuche trotz Niederlagen deinen Selbstwert zu bewahren. Du spürst, was dir hilft und dein Selbstbewusstsein stärkt. Nutze deinen Verstand und höre auf dein Herz! Deine innere Stimme hilft dir, den Weg durch die Krise zu finden. Es gibt immer Hoffnung und die Quelle der Vergebung.

Trost- und Krisengebet nach David

Oh HERR, ich kann nicht mehr, dennoch
bist du mein Hirte. Ich weiß, mir wird nichts mangeln.
Du weidest mich auf grüner Aue und
führst mich stets zu frischem Wasser.
Du erquickst meine müde Seele;
wenn ich irre, führst du mich auf die rechte Straße
um deines mächtigen Namens willen.
Obwohl ich im finstern Tal wandere,
fürchte ich kein Unglück; denn du bist bei mir,
deine Treue und dein Trost sind krisenfest.
Mitten im Sturm, vor meinen Feinden,
deckst du für mich einen wunderbaren Tisch.
Du versorgst meine Wunden und schenkst mir Kraft.
Gutes und Barmherzigkeit werden mir folgen
mein Leben lang, und ich will immer
in deinem Haus bleiben, oh HERR. —nach Psalm 23

Scheitern macht gescheiter

Wo scheiterst du manchmal und wie gehst du damit um?

Was tröstet dich, wenn etwas schiefgeht?

Woraus beziehst du deinen Selbstwert?

Gibt es Dinge, die du dennoch angehen willst?